Wohnraumaccessoires filzen

Filzen Sie in der klassischen Nasstechnik oder mit der Nadel individuelle Lieblingsstücke für Ihr Zuhause. Ob Sie Anfänger sind oder schon „filzverrückt“: Bald werden Sie zwischen Ihren selbstgefilzten Kissen und Bettflaschenhüllen überlegen, welche Wohnraumaccessoires Sie als nächstes für Ihre vier Wände nacharbeiten oder entwerfen werden.

Nehmen Sie sich Zeit, lassen Sie sich faszinieren und inspirieren vom Naturprodukt Wolle in strahlend bunten Farben. Erfreuen Sie sich an Ihrer Kreativität! Viel Spaß beim Filzen!

Ihre

Ute Krämer

Die Motive lassen sich in folgende Schwierigkeitsgrade unterteilen:
● ○ ○ einfach ● ● ○ etwas schwieriger ● ● ● anspruchsvoll

GRUNDAUSSTATTUNG
Folgende Materialien und Hilfsmittel werden in den jeweiligen Materiallisten nicht mehr genannt.

NASSFILZEN
- Kern-, Oliven- oder Schmierseife
- Wasserkocher
- Wäschesprüher
- Noppen- und Klarsichtfolie
- Schneebesen
- Essigessenz
- Folienmarker

ZUM NADELFILZEN
- mittlere und feine Filznadeln
- Schaumstoffunterlage oder feinporiger Autoschwamm

ALLGEMEIN
- Küchenwaage
- Durchpausstift
- Transparentpapier
- Kopierpapier
- Karton
- Handtuch
- Maßband
- Schere
- Cutter
- Schneideunterlage
- Näh- und Sticknadel
- ggf. Nähmaschine
- Stecknadeln
- Textilkleber
- Ösenzange

So wird's gemacht

Es folgen Grundanleitungen zum Nadelfilzen von dreidimensionalen Figuren, zur Applikationstechnik und zum Nassfilzen.

Grundkurs Nadelfilzen

Beim Nadelfilzen filzt man ohne heißes Wasser und Seife, nur mit Hilfe der Filznadel. Immer Wollvlies, Märchenwolle oder Filzwolle verwenden. Diese Wollsorten zeichnen sich alle durch relativ kurze Härchen aus, die bereits kreuz und quer liegen. Wolle im Kammzug hat sehr lange Fasern, die stark gekämmt sind und sich nicht zum Nadelfilzen eignen. Die Wollfasern verhaken sich durch das Einstechen mit der Filznadel, die am unteren Ende kleine Widerhaken besitzt, miteinander. Die Form verdichtet sich durch das Einstechen. Dadurch schrumpfen die Filzwerkstücke um etwa ein Drittel! Die Schaumstoffunterlage verhindert, dass die sehr spitze Nadel Sie sticht oder auf harter Unterlage abbricht.
Die Nadel immer senkrecht einstechen, sonst brechen die Nadeln leicht.

Hinweis: Filzzubehör, Wollvlies, Wolle im Kammzug und dicken Filzstoff mit hohem Wollanteil sind in großer Farbvielfalt im Fachhandel und im Internet erhältlich.

Formen mit der Nadel filzen (Zitrone)

1 Die Figur grob vorformen: Aus der gelben Wolle einen festen ovalen Kern formen und um diesen mehrere Schichten gelber Wolle legen. Es entsteht eine lockere Grundform, die mindestens ein Drittel größer als die endgültige Zitrone ist.

2 Die Grundform durch gezieltes senkrechtes Einstechen mit der Nadel fixieren. Dazu mit der Filznadel einmal rundum in die Zitrone einstechen, diese immer wieder auf der Schaumstoffunterlage drehen und von dieser lösen. Die Zitrone so lange mit der Nadel bearbeiten, bis sie sich deutlich verfestigt. Die Zitrone feiner modellieren und unten, wo sie spitzer werden soll, oder an der Einkerbung am Stielansatz verstärkt einstechen. Durch weiteres Auflegen und Annadeln von Wolle die Form korrigieren. An zu dicken Stellen durch verstärktes Einstechen das Volumen etwas reduzieren.

3 Mit der feinen Filznadel einen kleinen dunkelbraunen Punkt auf den Stielansatz nadeln und etwas weiße oder grüne Wolle als unreife Stelle auflegen. Beim Aufnadeln nicht zu tief einstechen, damit sich die Zitrone nicht verformt.

Hinweis: **Wenn mehrere nadelgefilzte Teile miteinander verbunden werden (z. B. Zitrone mit Stiel und Blatt), muss an der Stelle ein Teil unbearbeitete faserige Wolle bleiben. Die überstehende Wolle auf die Ansatzstelle legen und festnadeln.**

Nadelgefilzte Applikationen

1 Das Motiv vom Vorlagenbogen auf Transparentpapier durchzeichnen, auf Karton kleben und ausschneiden. Die Schablonen auf die Filzplatte übertragen oder gleich mit dem Durchpausstift arbeiten.

2 Die Konturen mit der farbigen Wolle ausfüllen. Die größeren Flächen mit einer Grundfarbe auslegen. Die Wolle, die über die Linien heraussteht, mit der senkrecht geführten Nadel auf die Linie schieben und einstechen. So hebt sich das Motiv hervor und hat exakte Konturen. Das Innere mit gleichmäßigen, dicht nebeneinander gesetzten Stichen mit einer feinen Filznadel bearbeiten.

Tipp: **Bei feinen Linien am besten einen dünnen Strang aus der Wolle herausziehen, etwas zwirbeln, gleichmäßig vorformen und dann erst mit der feinen Filznadel aufnadeln.**

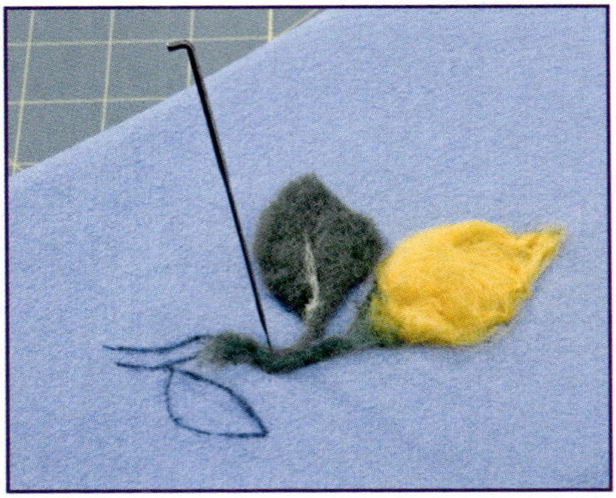

Grundkurs Nassfilzen

Wolle

Zum Nassfilzen eignet sich Wollvlies, das von Kardiermaschinen zu Lagen gekämmt ist, in denen die einzelnen Fasern in verschiedene Richtungen liegen oder Wolle im Kammzug mit 8 cm bis 10 cm langen Fasern, die alle in einer Richtung liegen. Für die kleineren nassgefilzten Objekte wird Wollvlies, für die größeren Objekte, die eine besonders weiche Oberfläche haben sollten, feine Merinowolle im Kammzug verwendet.

Seifenlauge

Die Seifenlauge verstärkt den Filzprozess und ist als Gleitmittel notwendig. Das mindestens 50° heiße Wasser in einer Schüssel mit der Seife vermengen. Pro Liter einen großen Esslöffel Seife nehmen und alles verrühren. Feste Seife raspeln und mit dem Schneebesen mit dem heißen Wasser vermischen. Am besten reine Olivenseife verwenden; sie ist rückfettend und hautschonend.

Arbeitsplatz

Die Arbeiten können alle am Spülbecken ausgeführt werden. Ersatzweise ein großes Tablett mit einem durchgehenden Rand verwenden und mit einer Bambusrollmatte auslegen. Abgekühltes Wasser immer wieder abschütten.

Hohlkörper nass filzen

Der Vorgang des Nassfilzens besteht aus vier wesentlichen Arbeitsschritten: dem Auslegen der Wolle, dem Anfilzen, dem Vorfilzen und dem Walken. Immer berücksichtigen, dass die Wolle durch das Filzen zwischen 30 % und 40 % schrumpft. Daher unterscheiden sich die Maße der Vorlagen von den endgültigen Maßen.

1

2

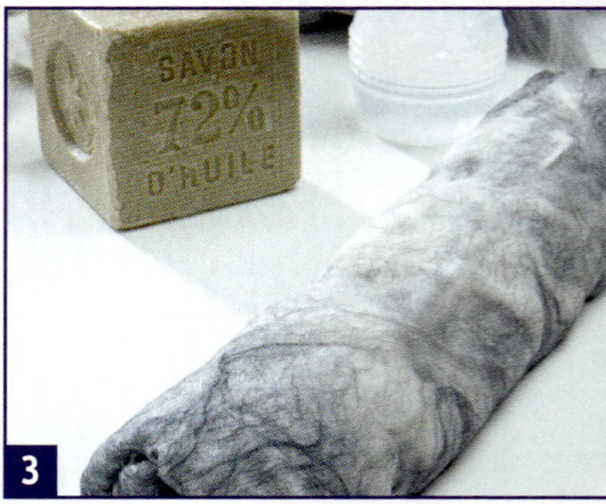

3

1 Aus der Wolle etwa handtellergroße Stücke mit ca. 8 cm bis 10 cm langen Strähnen zupfen, diese dünn auffächern und dachziegelartig überlappend auf der ganz leicht mit Lauge befeuchteten Schablone auslegen. So Reihe für Reihe arbeiten. Die Fasern ganz eng an der Schablone entlang um die Kante legen und an der Rückseite mit sehr wenig Lauge „festkleben“. So entstehen saubere Kanten ohne Wulst. Die nächste Lage Wolle quer zur ersten überlappend auslegen. Jede weitere Lage kreuzweise zur vorhergehenden auslegen. Mit dem Wäschesprüher heiße Lauge darauf verteilen, sodass keine trockenen Stellen mehr sichtbar sind, die Fasern jedoch nicht wegschwimmen.

2 Eine Klarsichtfolie über die Fläche legen, mit Hilfe einer Moosgummiplatte das Werkstück wenden und die andere Seite nach dem gleichen Prinzip auslegen. Diese Seite auch mit Lauge besprühen und eine Klarsichtfolie auflegen. Auf der Klarsichtfolie nun von jeder Seite ca. fünf Minuten mit den Handflächen sanft kreisend massieren. So filzen die Flächen an, die Fasern beginnen sich zu verhaken. Farben oder Muster verbinden sich miteinander, können aber noch korrigiert werden.

3 Das Filzstück in eine Noppenfolie schlagen. Bei Bedarf mit Lauge besprühen und als Rolle auf der Ablauffläche der Spüle von jeder der vier Seiten 10 bis 15 Mal auf- und abrollen. Die Wolle hat sich nun stärker miteinander verbunden und verhakt. Das Vorfilzstadium ist eingetreten. Korrekturen im Muster sind nicht mehr möglich. Jetzt die Filzprobe durchführen: Beim Ziehen an einem Stück der Wollfasern dürfen sich diese nicht mehr von der Filzfläche trennen.

4 Mit sehr heißer (aber so, dass Sie es an den Händen aushalten können) Seifenlauge übergießen und mit immer stärker werdendem Druck wieder ca. zehnmal von jeder Seite aufrollen. Die Hülle an einer Seite aufschneiden, die Schablone herausholen und nochmals zehnmal von jeder der vier Seiten heiß und kräftig walken. Die Kanten und Ecken mit etwas Seifenschaum nacharbeiten. Die Seifenlauge mit kaltem Wasser gründlich ausspülen und beim letzten Spülgang einen Schuss Essig in das Wasser geben, damit die letzten Seifenreste neutralisiert werden.

Tipp: Nach dem Filzen die Kissenhülle links herum drehen, damit eventuelle Unebenheiten oder unsaubere Kanten endgültig nach innen verschwinden. Es empfiehlt sich daher immer, Hohlformen links herum zu arbeiten.

Tipps und Tricks

- Wollvlies wird anders ausgelegt als Wolle im Kammzug. Hier werden keine einzelnen Handteller gezupft, sondern ganze Lagen Wollvlies in der gewünschten Größe ablgelöst und aufgelegt.
  Die nächste Lage quer dazu auflegen.
- Beim Besprenkeln der ausgelegten Wolle mit Lauge können kleine Unregelmäßigkeiten oder Löcher gleich entdeckt werden. Etwas zusätzliche Wolle quer zu der letzten sichtbaren Wollstruktur legen.
- Hat das fertige gefilzte Objekt zu dünne Stellen oder Löcher, dann diese mit Wolle in gleicher Farbe oder mit einer dekorativen Applikation in der Nadelfilztechnik stopfen.
- Filz gibt es in den verschiedensten Farben und Qualitäten. Der recht dünne Bastelfilz ist in einer großen Farbauswahl in 20 cm x 30 cm großen Stücken oder als Meterware im Bastel- oder Stoffgeschäft erhältlich. Auch die 4 mm dicken Filzplatten sind dort zu bekommen. Der qualitativ bessere und strapazierfähigere Wollfilz ist am besten über das Internet erhältlich. Kissen und andere stärker beanspruchte Objekte sollten aus dem hochwertigen Filz gearbeitet werden.
- Nasse Filznadeln gut trocken reiben, damit sie nicht rosten.
- Für die Initialen einen Schrifttyp am Computer aussuchen, etwa auf Schriftgröße 130 Punkt ausdrucken und auf den Filz übertragen. Auch handgeschriebene, geschwungene Buchstaben sehen sehr hübsch aus.

Zitronenkranz

→ mediterran-freundlich

TECHNIK
Nadelfilzen

MOTIVHÖHE
ca. 25 cm

MATERIAL
- Styroporkranz, ø 25 cm
- Filz in Hellgelb, Meterware, mind. 95 cm x 24 cm
- Bastelfilzrest in Weiß und Gelb
- Filzwolle in Zitronengelb (ca. 20 g), Grün (ca. 20 g), Dunkelgrün (ca. 5 g), Hellgrün (ca. 20 g), Weiß (ca. 5 g) sowie etwas Hellblau und Schwarz
- Band in Gelb-Crème kariert, 3 cm breit, 1 m lang

VORLAGEN-BOGEN 1A

1 Den hellgelben Filzstreifen auf 95 cm x 24 cm zuschneiden und auf den Kranz legen. Dabei innen gleichmäßige Falten legen und alles mit Stecknadeln fixieren. Den Filz auf der Rückseite überlappend schön fest zusammennähen.

2 Für die Zweigranke dunkelgrüne Wolle mit etwas Hellgrün und Schwarz vermischen und in einer leicht geschwungenen Linie direkt auf den Kranz aufnadeln. In der gleichen Farbe ca. drei bis vier Miniblätter und ca. vier kleine geschwungene „Dornen“ arbeiten. Die Hälfte der Blätter vom Vorlagenbogen aus den Grüntönen und den kleinen Käfer direkt auf den Kranz arbeiten.

3 Die Zitronen, die Knospen und die anderen Blätter getrennt vom Kranz nadeln. Für die Knospen weiße Wolle mit den Fingern vorformen, nadeln und einen gemischten grünen Kranz an den Stielansatz arbeiten. Auch die Blattmittellinien in anderen Grüntönen aufsetzen und Farbakzente auf die Zitrone nadeln.

4 Aus grüner Wolle kleine Stege mit ungefilzten Enden fertigen. Mit diesen die einzelnen Früchte, Blätter und Knospen an der Ranke befestigen. Zusätzlich die Zitronen und Knospen gut am Kranz festnadeln. Die separat gearbeiteten Blätter an Zitronen, anderen Blättern oder am Kranz mit gezielten Stichen befestigen.

5 Für die Blüten gelben und weißen Filz zuschneiden, zusammen aufrollen und unten mit Nähgarn fixieren. Dann mit einem dünnen grünen Wollstrang umwickeln und damit an die Ranke nadeln.

6 Mit dem Band eine Schlaufe formen, um den Kranz legen und von hinten mit einigen Stichen festnähen.

Tipp: Beim Erdbeerkranz statt dem Filzuntergrund einen karierten Baumwollstoff verwenden. Die Erdbeerblüten aus Bastelfilz zuschneiden und in die Mitte etwas gelbe Wolle nadeln.

Kuhtasche

→ der Hingucker beim Einkauf

TECHNIK
Nadelfilzen

MOTIVHÖHE
ca. 40 cm hoch

MATERIAL
- je 1 Filzplatte in Blau, Hellblau und Weiß, 4 mm stark, mind. 30 cm x 45 cm
- 4 Ösen in Silber, ø 5 mm
- Nähgarn in Blau, Hellblau und Weiß
- evtl. Stickgarn in Hellblau
- Filzwolle in Weiß (ca. 5 g) sowie etwas Hellblau, Dunkelblau, Grau, Lachs Rot und Schwarz

VORLAGENBOGEN 1B

1 Die Taschenteile auf die Filzplatten übertragen und ausschneiden. Vorder- und Rückseite aus der dunkelblauen Platte, Seitenteile und Henkel je zweimal aus der weißen Platte ausschneiden. Einmal den Boden, einmal den Kreis und zweimal die Henkel aus der hellblauen Platte herstellen.

2 Die Kuh auf den hellblauen Filz übertragen und die Konturenlinien mit Wolle aufnadeln und dann mit Wolle auffüllen. Mit der weißen Wolle beginnen und die Kopfform schön dick vorformen. Die die überstehenden Seiten nach unten umklappen und festnadeln. Ergänzungen wie Hörner, Ohren und Kuhflecken arbeiten. Zuletzt die Augen und Nasenlöcher aus vorgerollten schwarzen Wollkügelchen mit der feinen Filznadel aufbringen.

3 Die beiden Henkel aus dem hellblauen und weißen Filz feststecken und aufeinander nähen. Dann diese an den eingezeichneten Stellen auf der Vorder- und Rückseite so feststecken und nähen, dass die hellblauen Seiten nach außen zeigen. Nun darauf die Ösen anbringen.

4 Die runde Kuhapplikation auf der Vorderseite feststecken und mit der Nähmaschine mit dem Applikationsstich oder mit der Sticknadel und weißem Stickgarn aufnähen.

5 Die Seiten, Vorder- und Rückteile und den Boden zusammennähen.

Tipp: Witzig sieht es aus, wenn Sie weiße Kuhflecken aus Filz aufnähen oder aufnadeln.

TECHNIK
Nadelfilzen

MOTIV-GRÖSSE
ca. 3 cm bis 11 cm

MATERIAL
- Bastelfilzrest in Weiß und Orange
- 4 Magnetscheiben, ø 2 cm
- Filzwolle in Weiß (ca. 3 g) und Gelb (ca. 3 g) (Spiegelei)
- Filzwolle in Orange (ca. 5 g), Grün (ca. 1 g) und etwas Gelb (Karotte)
- Filzwolle in Weiß (ca. 5 g) und etwas Dunkelblau (Milchflasche)
- Bastelfilzrest in Weiß (Milchflasche)
- Nähgarn in Dunkelblau (Milchflasche)
- Filzwolle in Weiß (ca. 4 g) sowie etwas Schwarz und Rosa (Kuh)

VORLAGENBOGEN 1B

Coole Magnete

→ für den Kühlschrank

Spiegelei

1 Das Eiweiß ca. 5 mm dick mit der Nadel filzen. Das Eigelb separat als halbrunde Kugel arbeiten. Das Eigelb ringsum am Rand auf dem Eiweiß festnadeln.

2 Die Magnetscheibe als Schablone auf den Filzrest legen, abzeichnen und ausschneiden. Mit einigen Stichen an das Spiegelei von unten festnähen. Mit Textilkleber auf den Magneten kleben.

Karotte

1 Die Karottenform vorformen und mit der Nadel filzen. Die Karotte immer wieder drehen und so rundherum einstechen bis sie eine feste Struktur bekommt. Die Spitze durch viele gezielte Stiche herausarbeiten. Das Karottenkraut filzen, die Wolle an der Verbindungsstelle ungefilzt lassen und an die Karotte nadeln. Einen zarten Hauch gelber Wolle auf den oberen Teil der Karotte und auf das Kraut aufbringen.

2 Den Magneten wie beim Spiegelei befestigen.

Milchflasche

1 Die Flaschengrundform aus weißer Wolle nadeln. Flaschenhals, Flaschenboden und Deckel durch viele gezielte Stiche herausmodellieren. Mit etwas blauer Wolle den Verschluss aufnadeln.

2 Den Schriftzug mit einem Durchpausstift auf das zugeschnittene Filzetikett übertragen und mit Nähgarn in kleinen Stichen aufsticken. Das Etikett auf die Flasche nähen.

3 Den Magneten wie beim Spiegelei befestigen.

Kuh

1 Die mittelfeste ovale Grundform aus weißer Wolle nadeln. Durch vermehrtes Einstechen den oberen Teil des Kopfes flacher arbeiten, sodass die Schnauze plastischer und voluminöser wirkt. Den Kopf so drehen, dass die Schnauze von beiden Seiten schmaler gearbeitet werden kann. Vorsichtig die schwarzen Flecken, die rosa Nase und die Augen aufnadeln.

2 Hörner und Ohren getrennt vom Kopf vorarbeiten, die rosa Ohrinnenflächen nicht vergessen. Jeweils etwas Wolle unbearbeitet überstehen lassen und am Kopf festnadeln.

3 Den Magneten wie beim Spiegelei befestigen.

Tischset mit Karotte

→ frühlingshaft!

TECHNIK
Nadelfilzen

MOTIVHÖHE
ca. 30 cm bzw. 3,5 cm

MATERIAL TISCHSET
- Filzplatte in Wollweiß, ca. 4 mm stark, mind. 30 cm x 45 cm
- Filzwolle in Orange (ca. 5 g), Hell- und Dunkelgrün (ca. 2 g), etwas Schwarz, Dunkelgrün und Hellrot

SERVIETTEN-RING
- Filzplatte in Wollweiß, ca. 4 mm stark, mind. 3,5 cm x 14 cm
- Filzwolle in Orange (ca. 3 g), etwas Grün und Hellrot
- Bastelfilzrest in Hellgrün, 4 cm x 2 cm

VORLAGEN-BOGEN 1B

Tischset

1 Von der langen Seite der Filzplatte einen Streifen von 3,5 cm abtrennen, sodass das Platzdeckchen 30 cm x 41,5 cm misst. Das Karottenmotiv auf das Set über-

tragen und dünn aufnadeln. Farbakzente mit hellroter Wolle für die Karotte und dunkelgrüner Wolle für das Karottenkraut nadeln. Mit der schwarzen Wolle die dünne Kontur nadeln.

2 Ringsum ca. 1 cm von der Kante entfernt alle 2 cm einen dünnen orangefarbenen Streifen von ebenfalls 2 cm Länge mit einigen exakten Stichen mit der feinen Filznadel aufnadeln.

Serviettenring

1 Die Karottenform aus orangefarbener Wolle anfertigen. Das Kraut auf den Bastelfilz übertragen und ausschneiden. Am schmalen Ende etwas umknicken und auf die Mitte der Karotte legen. Die grüne Wolle rund herum legen und Karotte, Kraut und grünen Stielansatz durch gleichmäßiges Einstechen miteinander verbinden.

2 Die Karotte auf dem Serviettenringstreifen ca. 5 cm vom rechten Rand entfernt durch Stiche an Rand und im Karotteninneren befestigen. Den Streifen doppelt legen. 2 cm vom rechten Rand einen ca. 2 cm langen dünnen Streifen in Orange aufnadeln und dabei so tief stechen, dass die beiden Schichten des Serviettenringes miteinander verbunden werden.

Eierwärmer

→ mit Blümchen

1 Zwei Moosgummischablonen nach der Vorlage anfertigen. Dann jeweils das grüne Wollvlies so um die Schablone legen, dass diese schön bündig umwickelt ist. Das Vlies mit warmer Seifenlauge leicht befeuchten, damit es einfacher dicht um die Seitenkanten zu legen ist.

2 Nach der Grundanleitung weiter arbeiten. Das Filzstück mit der sehr warmen Seifenlauge befeuchten (eher schaumig als zu nass), die Noppenfolie um den Eierwärmer legen und ihn von jeder Seite einige Minuten mit leicht kreisenden Bewegungen anfilzen. Nach der Grundanleitung weiterarbeiten.

3 Lauge auf die Hände nehmen und die Form, insbesondere entlang der Kanten durch kräftige formende Bewegungen nachmodellieren. Die Spitze zwischen den Handflächen mit Seifenschaum rollen und formen.

4 Mit heißem Wasser gründlich ausspülen, mit Essig neutralisieren und zum Trocknen auf ein Stopfei setzen. Unten einen Rand von ca. 2 cm umschlagen.

5 In den angetrockneten Eierwärmer ein Stück Schaumstoff stopfen, um die Applikation aufnadeln zu können. Ringsum mit dem jeweils anderen Grünton einen dünnen Blumenstiel stechen und in gleichmäßigen Abständen fünf kleine Blätter und vier weiße kreisförmige Blüten stechen. Blüten zur Vollendung noch mit einem gelben Mittelpunkt versehen.

Tipp: Sehr hübsch wirkt zu den Eierwärmern ein Blumenuntersetzer. Diesen nach Vorlage und Abbildung mit der Nadel filzen, die Fläche immer wieder von der Unterlage lösen und wenden.

TECHNIKEN
Nassfilzen, Nadelfilzen

MOTIVHÖHE
ca. 21 cm

MATERIAL FÜR BEIDE EIERWÄRMER

- Wollvlies in Dunkelgrün (ca. 10 g), Hellgrün (ca. 10 g), etwas Gelb und Weiß
- Moosgummi, 20 cm x 20 cm
- Stopfei
- Schaumstoff

VORLAGENBOGEN 1B

Zitronenpinnwand

→ sonnige Erinnerungshilfe

TECHNIK
Nadelfilzen

MOTIVHÖHE
ca. 40 cm bzw. 2,5 cm

MATERIAL PINNWAND

- Hartschaumplatte, 1 cm stark, ca. 40 cm x 40 cm
- Bastelfilz in Hellblau, 56 cm x 56 cm
- Band in Gelb-Crème kariert, 3 cm breit, 1,2 m lang
- Filzwolle in Zitronengelb (ca. 3 g), Grün (ca. 3 g), Hellbraun (ca. 2 g), Dunkelbraun (ca. 2 g), etwas Hellgelb, Hellgrün, Weiß, Rot und Schwarz
- Handheftmaschine

ZITRONEN-PINNNADELN

- Filzwolle in Zitronengelb (ca. 2 g), etwas Grün und Hellgrün
- Reißnägel mit langer Spitze

VORLAGEN-BOGEN 2B

Pinnwand

1 Den Filz so auf die Platte auflegen, dass die Randzugabe gleichmäßig übersteht, nach hinten umlegen und mit Stecknadeln fixieren. Die Ecken wie beim Einpacken eines Geschenkes falten. Den Stoff rückseitig mit Hilfe der Handheftmaschine an der Hartschaumplatte befestigen.

2 Das Zitronenzweigmotiv mit Tonkartonschablonen auf die Pinnwand übertragen. Die Applikation nach der Grundanleitung von Seite 3 aufnadeln. Dabei zuerst die Grundfarben der Zitronen und Blätter arbeiten und immer minimal über die Linien arbeiten, damit diese später nicht zu sehen sind. Dann für die Zweigstruktur vor dem Aufnadeln kleine abgezupfte Wollflocken in Dunkel- und Hellbraun und etwas Schwarz miteinander vermischen und aufbringen. Die Details wie die Zitronenblüte, den Käfer, die Blattlinien und die Farbakzenten arbeiten.

3 Knapp unter der Ober- und Unterkante der Pinnwand das Karoband aufkleben und hinten festtackern. Aus dem Band den Aufhänger in gewünschter Länge anfertigen und befestigen.

Tipp: Wenn Sie keine Handheftmaschine haben, können Sie den Filz auf der Rückseite feststecken und dann straff zusammennähen. Das Band und den Aufhänger von hinten mit Stichen befestigen.

Zitronen-Pinnnadeln

1 Die Zitronen filzen und ein kleines Blatt aufnadeln. Das zweite Blatt separat mit der Nadel filzen und dann mit Hilfe der überstehenden unbearbeiteten Wollfasern am oberen Stielansatz der Zitrone festnadeln.

2 Einen Reißnagel mit Textilkleber an der Zitrone befestigen, etwas gelbe Wolle um den Nagel legen, über den festgeklebten Kopf spannen und ringsum festnadeln.

Filzkurs bei Ute
12.07.04 18 30

Kuschelige Kissen

→ mal modern, mal königlich

Modernes Kissen

1 Die Moosgummischablone mit Lauge befeuchten, die dunkelgrau melierte Wolle in handtellergroße, ca. 8 cm lange Strähnen zupfen und dachziegelartig überlappend einen Rand legen. Außen soll ein ca. 5 cm breiter Rand entstehen, die überstehenden ca. 3 cm auf die Rückseite „kleben“. Die nächste dunkelgraue Lage quer zu der ersten auslegen. Dann zwei bis drei weitere Lagen der hellgrauen Wolle jeweils kreuzweise über die gesamte Vorderseite auslegen und überstehende Ränder auf die Rückseite umschlagen und „kleben“. Dort auch zwei bis drei Lagen hellgrauer Wolle auf die gleiche Art auslegen und nach Grundanleitung verfahren (Seite 4/5).

2 Aus der weinroten Wolle mit Lauge zwischen den Handflächen eine ca. 1,5 cm dicke, 10 cm lange Schnur rollen. Diese erst vorsichtig hin- und herbewegen, dann immer kräftiger rollen bis sie schön gefilzt ist. Kleine Stücke abschneiden und nach Belieben auf das Kissen nähen. In die aufgeschnittene Seite den Reißverschluss nähen und Füllwolle in das Kissen geben.

Königliches Kissen

1 Eine gelbe Fläche von ca. 20 cm x 20 cm und eine weiße Fläche von ca. 20 cm x 35 cm anfilzen (Seite 5, 2.). Nur bis in dieses Stadium filzen, sonst verbindet sich der Vorfilz später schlecht. Daraus vier gelbe Lilien und zwei weiße Streifen (10 cm x 30 cm) schneiden. Die Streifen an den beiden Außenkanten der Schablone entlang legen und die Lilien gleichmäßig im mittleren Teil auf der Moosgummischablone verteilen.

2 Zwei Lagen weinrote Wolle kreuzweise über die gesamte Fläche und die Rückseite auslegen. Die Kanten gleich umschlagen und „festkleben", nach Grundanleitung weiter arbeiten.

3 In die aufgeschnittene Seite den Reißverschluss nähen und das Kissen mit Füllwolle ausstopfen. Die etwa münzgroßen schwarzen Flecken auf den weißen Seiten mit der Filznadel direkt auf das gefüllte Kissen aufnadeln. Vier je 10 cm lange und ca. 5 cm hohe Streifen aus weinrotem Filz schneiden. Diese ungefähr 4 cm tief in gleichmäßigen Abständen von 4 mm einschneiden. Zu Quasten aufrollen, am Ende mit Stickgarn umwickeln und an die Ecken nähen.

TECHNIK
Nassfilzen und Nadelfilzen

MOTIVHÖHE
ca. 30 cm bzw. 20 cm

MATERIAL MODERNES KISSEN
- Merinowolle (Kammzug) in Dunkelgrau meliert (ca. 50 g), Hellgrau meliert (ca. 130 g) sowie etwas Weinrot
- waschbare Füllwolle, ca. 150 g
- Reißverschluss in Grau, 16 cm lang
- Moosgummi, 35 cm x 35 cm

KÖNIGLICHES KISSEN
- weiße Merinowolle (Kammzug) in Weiß (ca. 50 g) und Weinrot (ca. 120 g)
- etwas Filzwolle in Gelb und Schwarz
- waschbare Füllwolle, ca. 150 g
- Reißverschluss in Weinrot, 16 cm lang
- Moosgummi, 40 cm x 30 cm
- Bastelfilz in Weinrot, ca. 20 cm x 5 cm
- Stickgarn in Wollweiß

VORLAGENBOGEN 1B

Rosenschatulle und Windlicht

→ filigraner Blütenzauber

TECHNIK
Nadelfilzen

MOTIVHÖHE
ca. 14 cm bzw. 9 cm

MATERIAL ROSEN-SCHATULLE

- Holzschachtel mit Deckel, 12 cm x 12 cm x 12 cm
- Bastelfilz in Wollweiß, 50 cm x 30 cm und Bastelfilz in Fuchsia, 50 cm x 10 cm
- Filzwolle in Wollweiß (ca. 10 g), Grün (ca. 5 g), Rosa (ca. 5 g) sowie etwas Gelb, Hellgrün und Pink
- Zackenschere
- Klebestift

WINDLICHT

- Bastelfilz in Wollweiß, ca. 20 cm x 10 cm
- Bastelfilz in Rosa, 5 cm x 10 cm
- Filzwolle in Grün, Rosa, Wollweiß (je ca. 2 g) und etwas Pink
- dünner Silberdraht, 1 m lang
- Perlenmischung in Rosatönen
- dünnes, doppelseitiges Klebeband
- Windlicht, ø ca. 6 cm, 9 cm hoch
- Rollenschneider oder Schere mit Wellenklinge

VORLAGEN-BOGEN 1A+1B

Rosenschatulle

1 Eine Fläche von ca. 20 cm x 6 cm aus drei verschiedenen Lagen Wolle filzen: Eine dünne Schicht in Rosa auslegen, darauf eine etwas dickere in Wollweiß und zuletzt wieder eine dünne rosafarbene. Die aufgeschichtete Fläche nadeln und die beiden Blätter aus grüner Wolle arbeiten. Die Blütenblätter und den Streifen für den Verschluss aus der gefilzten Fläche ausschneiden. Die äußeren Ränder mit der Nadel nacharbeiten.

2 Für die Blüte das längere innere Blütenblatt aufrollen, mit einigen Einstichen fixieren und etwas gelbe Wolle in die Mitte nadeln. Die äußeren Blütenblätter außen herum drapieren und die ganze Blüte verbinden, sodass unten ein kleiner Stielansatz entsteht. Diesen mit grüner Wolle umwickeln und feststechen. Einen Stiel filzen und mit den Blättern und der Blüte verbinden.

3 Die Filzzuschnitte und die gezackte Bordüre nach der Vorlage anfertigen. Die Blüte auf den fuchsiafarbenen Kreis aufnadeln und diesen auf den weißen Filz für den Deckel mit einigen Stichen festnähen. Nun die fuchsiafarbenen Verzierungen zunächst mit etwas Klebestift auf den weißen Filzzuschnitten befestigen.

4 Blütenstiele, Blättchen und Punkte aufnadeln. Für die kleinen Blüten etwas rosafarbene, weiße und pinkfarbene Wolle vermischen, vorformen und mit der Filznadel applizieren. In die Blütenmitten einen kleinen Punkt in Fuchsia nadeln. Den Filzstreifen für den Verschluss aufrollen, mit einem dünnen Filzstreifen zubinden und auf die Mitte der Zackenbordüre nähen.

5 Die Filzflächen mit Textilkleber oder doppelseitigem Klebeband auf die Kiste und den Deckel kleben. Die offenen Seiten mit engen Überwindlingsstichen festnähen und entlang der genähten Kante mit einem Löffel flach klopfen.

Windlicht

1 Die Filzzuschnitte so an die Größe des Windlichtglases anpassen, dass der obere Streifen ca. 3,5 cm, der untere weiße Streifen ca. 2 cm und der untere rosafarbene Streifen ca. 3 cm hoch ist. Teilweise nach Abbildung mit der Wellenschere schneiden. Die Verzierungen auf die weißen Flächen aufnadeln.

2 Die kleinen Blüten und Blätter für den Draht nadeln. Auf ein 40 cm langes Stück Draht abwechselnd ein Blatt, eine Blüte und drei Perlen auffädeln.

3 Den Drahtanfang vom Glasboden ca. 3 cm senkrecht nach oben führen und mit beidseitigem Klebeband festkleben. Den Draht mit drei weiteren Klebebandstücken waagerecht am Windlicht befestigen. Die Filzstücke mit den Klebebandstreifen ankleben. Den Draht locker um das Windlicht winden. Mit dem Drahtende und dem oberen weißen Filz auf die gleiche Weise verfahren wie bei den vorangegangenen Schritten mit der unteren Umhüllung.

Herzenssachen

→ Ideen zum Behalten und Verschenken

TECHNIK
Nadelfilzen

MOTIVHÖHE
ca. 8 cm bis 30 cm

MATERIAL KISSEN
- Wollfilz (oder Bastelfilz) in Fuchsia, 2 mm stark, 2 x 40 cm x 35 cm
- Wollfilz (oder Bastelfilz) in Weinrot, 2 mm stark, 15 cm x 20 cm
- etwas Filzwolle in Weinrot, Weiß, Dunkelrosa und Rot
- waschbare Füllwolle, ca. 200 g

NADELKISSEN
- Wolle in Dunkelrot, ca. 15 g
- Bastelfilz in Weiß
- 5 Perlen in Mattweiß, ø 8 mm

HERZENSBAND
- Filzwolle in Hellrot (20 g) und drei weiteren Rottönen (je ca. 3 g)
- 3 Holzklammern, ca. 5 cm lang
- Band in Weiß, ca. 3 cm breit, 50 cm lang

VORLAGEN-BOGEN 2A+2B

Herzkissen

1 Die drei Herzen ausschneiden. Das kleine weinrote Herz auf der Vorderseite feststecken und annähen. Die Kissenvorderseite umdrehen und auf die Rückseite stecken. Bis auf eine kleine Öffnung an einer geraden Seite zusammennähen.

2 Das Herz wenden, mit der Füllung ausstopfen und die Seitennaht schließen. Die Ornamente mit einer feinen Filznadel auf das gefüllte Kissen nadeln.

Nadelkissen

1 Aus der dunkelroten Wolle eine Grundform aus zwei tränenförmigen Teilen modellieren und diese zu einer Herzform verbinden. Mit der Filznadel rundum fixieren. Mit mehreren Wolllagen Volumen aufbauen.

2 Die herztypischen Rundungen ggf. durch zusätzliches Aufarbeiten von Wolle verbessern. Das Herz immer wieder drehen und von allen Seiten bearbeiten, besonders an den Vertiefungen und der Spitze.

3 Die weiße Blüte gestalten, indem die zwei Teile durch einige lockere Stiche kräuselig gezogen werden. Den längeren Streifen locker aufwickeln und alles so auf dem Mittelpunkt des Herzens befestigen, dass eine harmonische Blüte entsteht. Die Perlen auf das Herz aufnähen, eine Perle in der Blütenmitte befestigen.

Herzensband

1 Die Herzen mit flachen Rückseiten filzen und mit Textilkleber auf die Holzklammern kleben. Das Band an die großen Herzen annähen, sodass jeweils ca. 5 cm an jeder Seite überstehen.

2 Durch die großen Herzen von hinten durch einen Teil der Fasern einen Nagel stechen und mitsamt den Herzen in die Wand schlagen. Die Herzklammern an das Band klammern.

Geburtstag
Sarah
16. Juli

Schale mit Blumen

→ für Obst und Deko

1 Auf die umgestülpte größere Schale etwas Lauge sprühen. Aus dem saharafarbenen Wollvlies die erste Lage über die Schale legen und mit etwas Lauge „festkleben". Die nächsten zwei Lagen je kreuzweise auflegen. Die letzte Lage in Fuchsia auflegen.

2 Mit Seifenlauge besprühen, eine Klarsichtfolie darüber legen und mind. 5 Minuten vorsichtig rundherum massieren. Den Druck erhöhen. Nach einer Weile mit ausreichend Seife die Wolle auf der

TECHNIK
Nassfilzen, Nadelfilzen

MOTIVGRÖSSE
ca. 16 cm

MATERIAL
- Wollvlies in Sahara (ca. 50 g), Fuchsia (ca. 20 g) sowie etwas Hellgrün, Pink und Gelb
- je 1 runde Schale mit geradem Boden, ø ca. 20 cm und ca. 16 cm

VORLAGEN-BOGEN 2A

Schale kräftig anfilzen. Ist die Filzform stabil genug, die Filzschale von der Form nehmen. Innen und außen mit Noppenfolie umhüllen und weiter nach der Grundanleitung verfahren.

3 Die ausgewaschene Filzschale über die kleinere Schale setzen, zurechtformen und trocknen lassen. Dann die Schale ringsum mit der Schere auf eine Höhe schneiden. Oben einen gleichmäßigen Rand aus der saharafarbenen Wolle mit der Nadel auffilzen.

4 Um den Rand zu stabilisieren die Schale auf die Seitenfläche stellen und mit der Nadel senkrecht in den aufgearbeiteten Rand stechen.

5 Mit der Nadel pinkfarbene Streifen (1 cm x 5 cm) und hellgrüne Blätter nach Vorlage arbeiten. Die Stiele aufnadeln und die Blätter an die Stiele ansetzen. Die gefilzten Streifen für die Blüten aufrollen und festnadeln. In das Blüteninnere gelbe Wolle aufnadeln.

L. S.

TECHNIK
Applikation, Nadelfilzen

MOTIVHÖHE
ca. 16 cm bzw. 17 cm

MATERIAL BEUTELCHEN
- Wollfilz (oder Bastelfilz) in Rosa meliert, ca. 4 mm stark, 30 cm x 40 cm
- Bastelfilz in Pink, 20 cm x 20 cm
- Filzwolle in Naturweiß (ca. 5 g) sowie etwas in Hellblau, Rosa, Pink und Schwarz
- Satinband in Creme, 3 mm breit, 1 m lang
- Zackenschere

BUCH
- Filzplatte in Rosa meliert, ca. 4 mm stark, 35 cm x 20 cm
- Bastelfilz in Weiß, 20 cm x 10 cm
- Stickgarn in Rosa
- Nietverschluss, ø 1,5 cm
- 10 Fotokartonbögen, A4
- fester Karton, A4

VORLAGENBOGEN 2B

Häschen hüpf!

→ individuell und niedlich

Beutelchen mit Häschen auf Rädern

1 Die Filzstoffe mit einer Zackenschere auf 16 cm x 11 cm zuschneiden. Auf Vorder- und Rückseite den 10 cm hohen pinkfarbenen Filz an der unteren Kante mit einer 1 cm breiten Doppelnaht festnähen.

2 Das Häschen aus einem größeren Ei als Körpergrundform und einem kleineren Ei als Köpfchen arbeiten. Beide Teile miteinander verbinden. Jetzt die ganze Form immer wieder drehen und rundum festnadeln. Die Haltung des Kopfes, den angedeuteten Hinterlauf, die kleine, gewölbte Brust und die Vorderpfote herausmodellieren.

3 Die zwei weißen Bommel vorformen und festfilzen. Entlang der Mittellinie einen rosa Streifen aufbringen. Das Schwänzchen, die Ohren sowie die Räder und das hellblaue Brettchen getrennt nadeln und mit dem Häschen verbinden. Die feinen Verzierungen aufnadeln. Mit flachen Stichen die Rückseite des Häschens begradigen, damit es besser aufgenäht werden kann. Die hellblaue Ziehschnur direkt auf den Filzbeutel nadeln.

4 Die Teile aufeinander stecken und ca. 1 cm vom Rand entfernt zusammennähen. Neben der Doppelnaht auf jeder Seite eine kleine Öffnung stehen lassen. Das Satinband durch den so entstandenen Tunnel ziehen und die gefilzten Bommel annähen.

Buch

1 Das Büchlein aus Fotokarton in der gewünschten Farbe im Copyshop auf 12 cm x 17 cm zuschneiden und mit einer Plastikspirale binden lassen. Die Vorlage auf den Filz übertragen und mit dem Verschluss aus einem Stück zuschneiden.

2 Die Buchstaben, die Punkte und den Hasen aus dem weißen Filz ausschneiden. Aus dem Stickgarn einen Faden heraustrennen und die Motive applizieren. Gesicht, Ohr, Zierlinie und die Ziehschnur in kurzen dichten Stichen aufsticken. Nieten auf der Vorderseite und dem Verschluss anbringen. Den Filzeinband mit Textilkleber auf den festen Karton kleben. Die vorderen Ecken abschrägen.

Himmlische Wärmflaschen

→ für süße Träume

TECHNIKEN
Nassfilzen, Nadelfilzen

MOTIVHÖHE
ca. 27 cm

MATERIAL HÜLLE MIT INITIALEN
- Wollfilz in Grau, 2 x 30 cm x 30 cm
- dünnes Wollgarn in Weiß
- Bastelfilz in Weiß, 1 cm x 30 cm
- Filzwolle in Weiß (ca. 3 g)
- kleine Wärmflasche

STERNE UND MOND
- Merinowolle (Kammzug) in Pink (ca. 120 g)
- Moosgummi, ca. 30 cm x 20 cm
- etwas Filzwolle in Weiß
- Schaumstoffrest, 1 cm stark
- kleine Wärmflasche

VORLAGEN-BOGEN 2A

Hülle mit Initialen

1 Vorder- und Rückseite der Wärmflaschenhülle zuschneiden. Auf die Vorderseite die Initialen des künftigen Besitzers auf Filz übertragen (siehe Tipp auf der Seite 5 unten).

2 Die Konturen dick mit weißer Wolle auslegen und nach der Grundanleitung aufnadeln. Exakte Konturen arbeiten. Die beiden Filzteile mit dem dünnen Wollgarn ringsum bis auf die Öffnung zusammennähen.

3 Den Filzstreifen mit einer kleinen Schleife am Wärmflaschenhals befestigen. Die Wärmflasche zusammenrollen und in die Öffnung schieben.

Sterne und Mond

1 Die Motive aus Schaumstoff ausschneiden. Die Moosgummischablone mit etwas Seifenlauge besprühen und eine erste Lage der pinkfarbenen Wolle sorgfältig auslegen. Dabei Wolle um die Kanten nach hinten umschlagen und dort mit wenig Lauge „festkleben“. Die Schaumstoffmotive spiegelverkehrt anordnen, die nächsten Lagen kreuzweise auflegen und nach der Grundanleitung weiter filzen.

2 Da die Wärmflasche eine etwas schwierigere Grundform hat als die Kissen (siehe Seite 18) ist es hier besonders wichtig, sie anfangs vorsichtig mit Hilfe von Plastikfolie und einer zweiten Moosgummiplatte zu wenden. Später, wenn die Form schon stabiler ist, stetig die Kanten, die Rundungen und den Hals nachmassieren und -modellieren.

3 Nach dem Filzen und Walken die Wärmflaschenöffnung auf- und zurechtschneiden. Die Schablone herausnehmen und die so entstandenen Kanten nachfilzen. Nach dem Auswaschen und Neutralisieren die Schaumstoffunterlage hineinstecken. Mit der Filznadel dünne Konturenlinien um die reliefartigen Motive und kleine vorgerollte Wollkügelchen an der Öffnung entlang aufnadeln. Die Wärmflasche einrollen und in die gefilzte Hülle schieben, damit sie sich beim Trocknen schön geschmeidig anpasst.

Duftsäckchen

→ mit Lavendel und Rosen

TECHNIK
Nadelfilzapplikation

MOTIVHÖHE
ca. 15 cm bzw. 10 cm

MATERIAL HERZDUFTKISSEN
- Filzstoff in Wollweiß, 23 cm x 11 cm
- Bastelfilz in Fuchsia, 10 cm x 7 cm, Pink, 8 cm x 5 cm und Rest in Weinrot
- Rocailles in Rosatönen, ø 2,5 mm
- Glasstifte in Silber, 7 mm lang
- Lochzange
- Organzabeutel in Weiß, 14 cm x 10 cm
- etwas Filzwolle in Rosa, Grün und Weinrot
- Rosenduftmischung mit Rosenblütenblättern, ca. 15 g
- Zackenschere

LAVENDEL-SÄCKCHEN
- Filzstoff in Wollweiß, 31 cm x 10 cm
- Schere mit Wellenklinge
- Stopfnadel
- Stickgarn in Weiß
- Filzwolle in Grün, Flieder (je ca. 2 g) sowie etwas Weiß und Dunkelblau
- Lavendelduftmischung, 20 g
- Zackenschere

VORLAGEN-BOGEN 2A+2B

Rosenduftkissen mit Herzen und Blüte

1 Innen ein Quadrat von 7 cm x 7 cm mit der Zackenschere aus dem weißen Filz schneiden. Aus den anderen Filzstücken die Herzen, Blätter und Streifen für die Blüte anfertigen. Das größere Herz und die drei kleinen Streifen mit Zackenschnitt versehen.

2 Zwischen die Herzen etwas Wolle füllen, aufeinander stecken und beim Zusammennähen bei jedem Stich eine Perle aufnehmen. Beim großen Herzen auf jede Welle eine Rocaille nähen. Für die Blütenapplikation die weißen und den weinroten Streifen miteinander aufwickeln und mit vier Perlen und einigen Stichen auf die Herzen nähen. Die Applikation auf das Kissen nähen.

3 Die kleinen Blüten und Blätter nach Vorlage mit der Filznadel aufnadeln. Die beiden aus Filz geschnittenen Blätter mit einer dünnen Blattmittellinie aus rosa Wolle ebenfalls aufnadeln.

4 Den weißen Filz links auf links feststecken und die Seitennähte schließen. Das Säckchen wenden, zwei Löcher stanzen, das Organzasäckchen mit der Duftmischung einfüllen und mit dünnen Filzstreifen oder Bändern zubinden.

Lavendelduftsäckchen

1 Den Filzstoff an allen Schnittkanten mit der Zackenschere bearbeiten.

2 Den Lavendelzweig auf das Säckchen übertragen und aufnadeln. Einzelne Blüten mit kleinen ovalen Kügelchen vorformen und auffilzen. Dezente Farbakzente zwischen Stiel und Blüten aus hellgrüner und weißer Wolle aufnadeln. Auf ein bis zwei Blütenkelche einen Hauch Dunkelblau filzen.

3 Den Filz doppelt legen, zusammenstecken und die Seitennaht einen knappen Zentimeter neben der Schnittkante schließen. Ca. 2 cm unter der Öffnung mit der Stopfnadel alle 2 cm kleine Löcher stanzen. Das Stickgarn durch die Löcher fädeln und die Duftmischung einfüllen. Das Säckchen zuziehen und mit einer Schleife verschließen.

Tipp: Das Lavendelsäckchen wirkt bei der Filzwolle als natürlicher Mottenschutz.

Willkommensgruß

→ herzliche Begrüßung

TECHNIK
Nadelfilzen

MOTIVHÖHE
ca. 15 cm

MATERIAL
- Wollfilz, 2 cm stark oder Filzplatte in Rot, 4 mm stark, 20 cm x 20 cm
- 2 Ösen in Silber, ø 5 mm
- Satinband in Crème, 3 mm breit, 1,20 m lang
- etwas Filzwolle in Weiß, Dunkelgrün und Altrosa
- Stickgarn in Weiß

VORLAGEN-BOGEN 2A

Abbildung auf Seite 1

1 Die Herzform zweimal ausschneiden. Auf eine Seite den Schriftzug und das Ornament übertragen.

2 Mit dünnen Strängen Schriftzug und Ornament aufnadeln. Kleine Wollflocken in Altrosa und Weiß herauszupfen. Blütenblätter und Kügelchen mit den Fingerspitzen vorformen und aufnadeln.

3 Beide Herzen bis zur Kennzeichnung im einfachen Überwindlingsstich zusammennähen. Die zwei Ösen durch beide Filzherzen anbringen. Satinband durch die Ösen fädeln und verknoten.

DIESES BUCH ENTHÄLT 2 VORLAGENBOGEN

IMPRESSUM

Herzlichen Dank für die freundliche Unterstützung von KnorrPrandell, Traub Wolle, Firma Prym und die vielen schönen Stunden beim Filzen mit Mariane.

FOTOS: frechverlag GmbH, 70499 Stuttgart; Fotostudio Ullrich & Co., Renningen (Titelseite, Seite 1/32, 7, 10, 14, 21); Till Naujock, Karlsruhe (restliche Fotos)

DRUCK: frechdruck GmbH, 70499 Stuttgart

Auflage: 5. 4. 3. 2. 1.
Jahr: 2009 2008 2007 2006 2005 [Letzte Zahlen maßgebend]

ISBN 3-7724-3374-X
Best.-Nr. 3374